هَذا ما أراهُ مِنْ حَوْلي!

تأليف: ميساء موسى

رسوم: ديانا السلطان

دار الرُّقيّ
للطباعة والنشر والتوزيع

إهداء

إلى كلِّ أطْفالِ العالَم،
إلى كلِّ مَنْ كانَ سَنَدًا لي
ويَدْعَمُني مِنْ عائِلَتي وأصدِقائي

الأَرْضُ فَوْقي! والسَّماءُ تَحْتي!
السَّيَّارَةُ فَوْقي، والغَيْمَةُ تَحْتي...
كَيْفَ ذَلِك؟!

فَسَقْفُ السَّيَّارَةِ لِتَحْت، والعَجَلاتُ لِفَوْق!

أَمَّا الغَيْمَةُ فَتُمْطِرُ لِفَوْق...

هَذا يُضْحِكُني كَثيرًا!

فَهَذا ما أَراهُ مِنْ حَوْلي...

الأرْضُ فَوْقي! والسَّماءُ تَحْتي!

الشَّجَرَةُ فَوْقي، والشَّمْسُ تَحْتي...

كَيْفَ ذَلِك؟

فَرَأْسُ الشَّجَرَةِ لِتَحْت، وجِذْعُها لِفَوْق!

أمّا أشِعَّةُ الشَّمْسِ فَتُضيءُ لِفَوْق...
هَذا يُضْحِكُني كَثيرًا!
فَهَذا ما أراهُ مِنْ حَوْلي...

5

الأَرْضُ فَوْقي! والسَّماءُ تَحْتي!

البِنْتُ فَوْقي، والنَّجْمَةُ تَحْتي...

كَيْفَ ذَلِك؟

هَذِهِ البِنْتُ كَالنَّجْمَة، تَمْشِي عَلى الطَّريقِ لَكِنَّها فَوْقي،
وهَذِهِ النَّجْمَةُ الصَّغيرَةُ تَلْمَعُ هُناك، لَكِنَّها تَحْتي!
هَذا يُضْحِكُني كَثيرًا!
فَهَذا ما أراهُ مِنْ حَوْلي...

الأَرْضُ فَوْقي! والسَّماءُ تَحْتي!

الطَّابَةُ فَوْقي، والبَدْرُ تَحْتي...

كَيْفَ ذَلِك؟

مَعَ أنَّ الطَّابَةَ تُشْبِهُ البَدْرَ، إلّا أنَّ

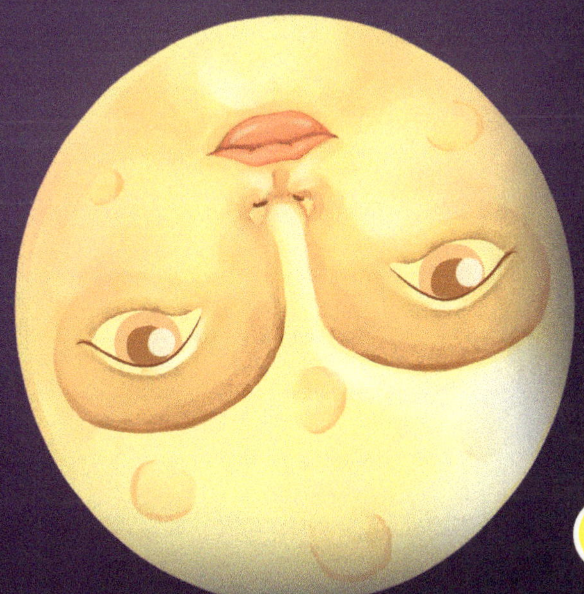

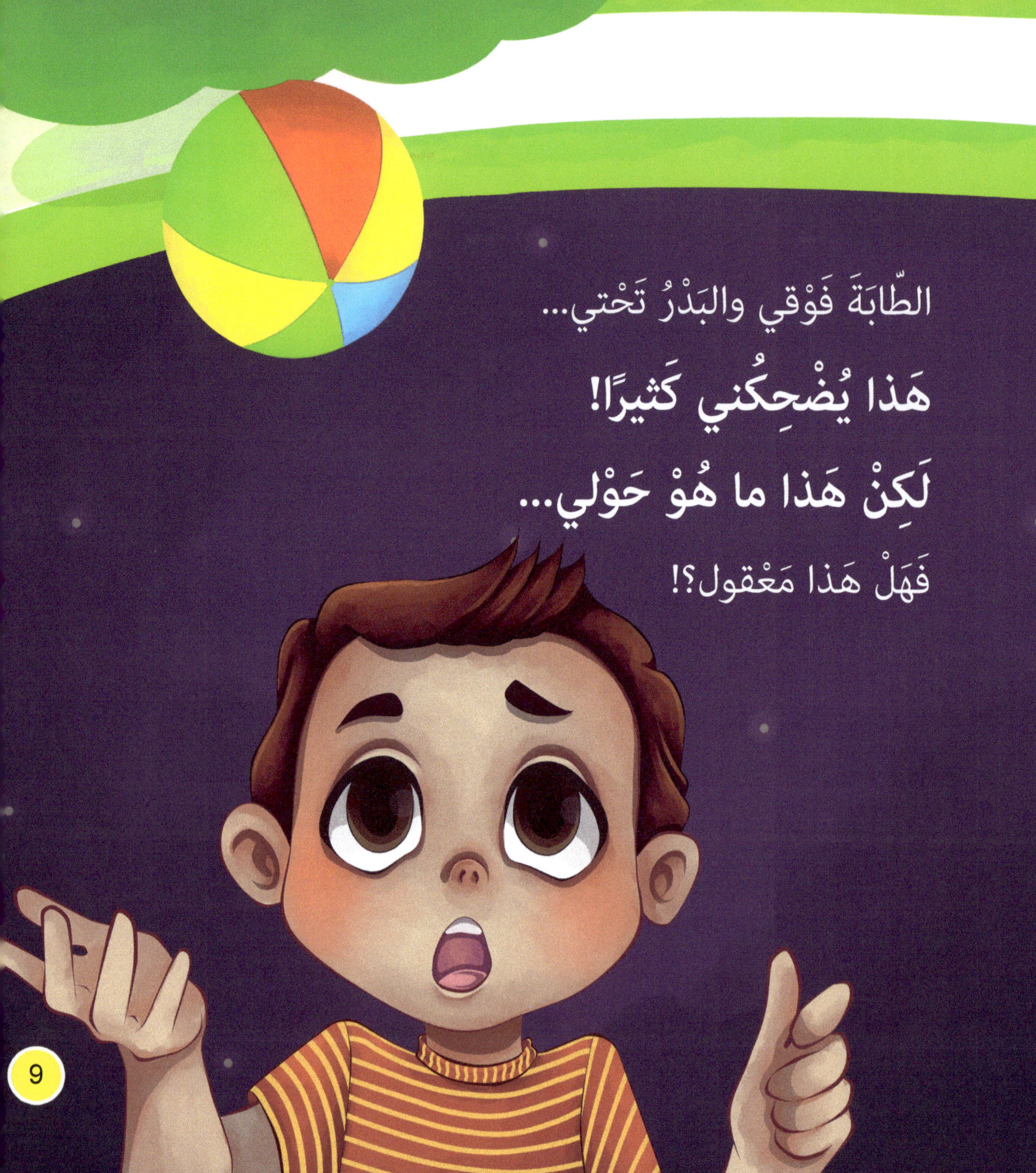

الطّابَةَ فَوْقي والبَدْرُ تَحْتي...
هَذا يُضْحِكُني كَثيرًا!
لَكِنْ هَذا ما هُوَ حَوْلي...
فَهَلْ هَذا مَعْقول؟!

أَجْلِسُ في كوبِ الشَّاي
وأرى الحَلْوى فَوْق وتَحْت...
أنا أقولُ لَكُم...
الأَرْضُ تَحْتي! والسَّماءُ فَوْقي!
هَذِهِ هِيَ الحَقيقَة...

لَكِنَّني أَضَعُ يَدايَ عَلى الأَرْض،

وأَنْظُرُ لِلأشْياءِ بِالعَكْس!

أَنْتَ تَحْتاجُ إلى عَضَلاتٍ قَوِيَّةٍ،

وأَنْ تَضَعَ يَدَيْكَ ورِجْلَيْكَ جَيِّدًا عَلى الأَرْض...

أَنْتَ تَحْتاجُ إلى التّوازُن.

14

هَلْ تَسْتَطيعُ أَنْتَ أَنْ تَقومَ بِذَلِك؟

فَكِّر ...جَرِّب...لا تَخَف

فَإِنْ لَمْ تَسْتَطِعْ حاوِلْ مَرَّةً ثانِيَةً،

ثالِثة، ورابِعَة...المُهِمّ أَنْ تُحاوِل...

أسئلة عامّة حول القصّة:

1 - أيْنَ نَرى الشَّمْس، البَدْر، النّجْمَة والغَيْمَة ؟

....

2 - أيْنَ تَمْشي البِنْت؟

....

3 - كَيْفَ يَقومُ الصّبيّ بِهَذِهِ الحَرَكَة؟

....

4 - إلى ماذا تَحْتاجُ لِتَقومَ بِهَذِهِ الحَرَكَة؟

....

أنا والكون
هَذا ما أراهُ مِنْ حَوْلي!